Egon G. Schleinitz

Sauber daneben

Sauber daneben

Stilblüten verhinderter
Bestsellerautoren

gesammelt von
Egon G. Schleinitz

Verlagsanstalt »Bayerland« Dachau

Verlag und Gesamtherstellung:
Druckerei und Verlagsanstalt »Bayerland« GmbH
85221 Dachau, Konrad-Adenauer-Straße 19

Umschlagmotiv: Hans Fischach

Printed in Germany · ISBN 3-89251-218-3

Inhalt

Verhinderte Bestsellerautoren

Jene Schriftsteller, die in Romanen, Bühnenwerken und in Filmen gezeichnet werden, sind immer erfolgreich. Sie erzielen mit geringstem Aufwand an Zeit und Geist finanzielle Effekte, die es ihnen erlauben, luxuriöse Villen an palmenbestandenen Meeresküsten zu bewohnen, die schönsten Frauen ihr eigen zu nennen und ausgedehnte Reisen in ferne Länder zu unternehmen. Daß solche imaginären Figuren Sehnsüchte im Volk erwecken, liegt auf der Hand.

In der Überzeugung, daß sie bereits perfekte Schriftsteller seien und sich bald zum Bestsellerautor entwickeln werden, schicken daraufhin ungezählte Bundesbürger ihre literarischen Ergüsse an Tageszeitungen, Zeitschriften und an die Fernsehsender, die jedoch keinerlei zusätzlichen Materialbedarf haben und auch nicht die Zeit besitzen, Amateurbeiträge zu prüfen. So geschieht es denn nur zu selten, daß von diesen tatsächlich einmal eine veröffentlicht wird. Was bleibt, sind die Stilblüten und geistigen Kapriolen, die die meisten der angebotenen Manuskripte enthalten und von denen dem Leser dieses Bändchens einige zur Erheiterung dienen mögen.

Egon G. Schleinitz

Weshalb sie schreiben wollen

Da ich ein versteiftes Bein habe, muß ich nun Romane schreiben.

*

Wie ich hörte, kann man durch das Schreiben Schriftsteller oder sogar Bestsellerautor werden.

*

Das Schreiben soll mir die Möglichkeit geben, tief in meine Kindheit zurückzugreifen, die ihren Schlund weit aufreißen wird.

*

Der Wunsch, mein Leben in einem Theaterstück auszubreiten, saugte sich mit der Kraft eines Blutegels in meinen Gehirnzellen fest.

Meine Lebensziele sind alle erfüllt: Mein Mann ist tot, und auch ich habe nur noch wenige Jahre. Deshalb möchte ich Kurzgeschichten schreiben.

*

Zum Dichten habe ich immer Zeit, denn wir haben eine Raumpflegerin, die uns täglich abwäscht und staubsaugt.

*

Ich spiele mit dem Gedanken, von der Massage auf die Schriftstellerei umzusteigen, wie von einem Araberhengst auf eine Schimmelstute.

Der Roman, den ich hier in aller Einsamkeit geschrieben habe und den der Herr Direktor prüfte, wird nun von den Verlagen an sich gerissen werden und mir so viel Geld einbringen, daß ich das Geschäft mit den Blüten aufgeben kann.

*

Mit den Ecken und Kanten meines bisherigen Lebens als Hausmeister werde ich nun in meinem neuen Beruf als Schriftsteller durch meine Romane einen bedeutenden Beitrag für eine bessere Welt leisten können.

Beim Schreiben

Das bißchen, was ich lese, kann ich mir leicht selber schreiben.

*

Beim Dichten habe ich stets ein Fingerspitzengefühl, das direkt von Mozart stammen könnte.

*

Beim Schreiben meines soeben niedergeschriebenen Gedichts bekam ich Herzklopfen und fand es so unwahrscheinlich gut, als wäre es gar nicht von mir.

*

Nachdem ich nun meine ersten Gedichte zu Papier gebracht habe, klettert meine Lyrik ins Aberwitzige. Das bereitet mir große Sorge.

Zu meiner großen Enttäuschung wurde mein Roman, der wirklich erster Klasse ist, noch immer nicht veröffentlicht, obgleich ich ihn im vollen Umfang bereits als Kind geschrieben habe.

*

Der Titel meiner Geschichte lachte mir wie untergehende Sonne entgegen: Er war von der Redaktion rot angekreuzt!

*

Das Buch war ein großer Erfolg. Kaum ausgeliefert, überschlugen sich die Rezensenten.

Erstaunliches

Der Beinbruch ließ die Bombe platzen.

*

Sie gewahrte, wie eine schwarze Aktentasche langsam auf sie zukam. Ihr Verstand blieb daraufhin stehen.

*

Hinter sich sehend, tasteten seine Augen das Fenster ab.

*

Vor Rührung schluchzte sie und nahm ihr Gesicht in meine Hände.

Ich war zum Stillstand gekommen und musterte ihn fragwürdig. Gespannt, aber vergeblich wartete ich auf die Änderung seiner Züge.

*

Harro blickte wütend auf die Uhr. Als er sah, daß es schon zehn nach elf war, schlug es dreizehn.

*

Es war, als stünde ein rohes Ei vor mir . . .

*

Ein Knall in der Silvesternacht – und durch eine Stichflamme erleuchtet, sehe ich seinen Charakter wie ein Skelett auf dem Röntgenschirm.

Eines Tages brach es blitzartig aus ihm heraus, was scheinbar lange in ihm schmorte: Er machte mir einen eindeutigen Antrag.

*

Man begegnete dem Politiker mit einem gewissen Respekt, der gelegentlich auch hinter vorgehaltener Hand geschah.

*

Sie strickte für Gott und die Welt . . .

*

Der Chef kochte ausgezeichnete Menüs, auch seine Frau und Tochter.

Zerschlagen an Leib und Seele, nahmen ihre Gedanken Gestalt an, ohne sich lange zu überlegen, ob diese männlichen oder weiblichen Geschlechts sei.

*

Eine Art Wutanfall mit hochrotem Kopf waren seine Volltreffer. Auch die stärksten Burschen respektierten dann den Dorfpfarrer in vollen Zügen.

*

Mit dem Hausschlüssel und der Erklärung: »Ich mache jetzt endgültig Schluß!« verabschiedete sie sich und entschwand in ihr mit öffentlichen Mitteln finanziertes Sozial-Reihenhaus.

Rasch blickte er zur Seite und suchte nach einem passenden Wort, das er ihr sagen könnte, aber er fand keines.

*

Frau Meier ließ ihre Hände sinken und ihrem entsetzen Ausdruck freien Lauf.

*

Es war, als ob bei ihr etwas Zurückgehaltenes zum Durchbruch und zur Abführung drängte . . .

*

Unter seinem gelben Frotteehäubchen schmunzelte das WC frivol vor sich hin.

Nun kam das Schönste: Der Gipfel des Tages!

*

Adriano blickte auf das ankommende Paket und wurde sofort elektrisiert. »Was soll das bedeuten?« fragte er zum Fenster hin, in dem eine Frau in den besten Jahren lag: seine Brunhilde! »Eine Überseemarke ist drauf, und die abgesandte Firma kenne ich nicht«, setzte er fort. Brunhilde aber blieb unerregt: »Ein Paket wird uns noch lange nicht zerfleischen!«

*

Er hatte von London angerufen. Freudig lief meine Frage, wie die Geschäfte gehen, den Draht entlang.

Nach fast dreißig Jahren erhielt sie einen Brief aus Amerika. Er stammte von ihrem ersten Mann, der ihr mittels einer anderen Frau während des Krieges abhanden gekommen war.

*

Eine perfekte Ehe und ein perfektes Verbrechen sind im Prinzip das gleiche. Hauptsache, man geht dabei nicht baden.

*

Seelisch zerschunden, aber von der ehrbaren Absicht erfüllt, alles nicht vorhandene Wissen nun durch eines der beliebten Abendabiturs nachzuholen, prägte eine starke Vergeistigung sein kalkiges Antlitz.

Er hatte unter seiner ständigen Müdigkeit zu leiden. Aber er konnte auch diesmal nicht einschlafen, weil er horchte, wie die Tropfen der Zeit in den Becher der Ewigkeit fielen.

Aus dem Familienleben

Die Mutter kriegte ein Kind, und ihr Junge beklagte sich, von dem Geschehen ausgeschlossen gewesen zu sein.

*

Zwar konnte mein Freund seine Ahnung nicht definieren, doch glaubte er, daß es die Eierschalen seiner sozialen Herkunft waren, die meine Mutter glaubte, nicht verdauen zu können.

*

Da besann sich wohl die alte Kottenkampf darauf, daß ihr Mann Feuerwehrhauptmann war. Sie raste zum Schreibtisch, nahm seine Pistole und versuchte mit zitterndem Lauf vergeblich, die lodernden Flammen zwischen den spitzen Brüsten ihrer Tochter und dem vornübergebeugten Herrn Lohmeyer zu löschen.

Wir saßen fest umschlungen auf der düsteren Parkbank. Plötzlich merke ich, wie sich ein Augenpaar in meinen Hinterkopf bohrt, um dann in meinen Fersen hängenzubleiben. Es zählte zu meiner Mutter, die uns auf die Schliche gekommen war.

*

Mein Vater, ein Journalist, hatte für schnelle Schreibgedanken immer abwaschbare Manschetten unter den Armen.

*

Außer am Verlust eines Vaters litt ich auch an dem Mangel an Großvätern.

Unser Vater unterschätzt seine Kräfte, die eine volle Woche lang brach hinter dem Schreibtisch liegen mußten.

*

Bei einem Autounfall verlor ich beide Elternteile.

*

Sie erkennt, daß Geschwisterliebe nicht wie die Liebe der Mutter ein Naturtrieb ist, sondern daß diese vorbereitet, immer wieder gepflanzt und begossen werden muß.

Ich stamme aus einer Beamtenfamilie, das bedeutet, daß ich das Gelübde der ewigen Armut schon kannte, als ich noch gar nicht geboren war.

*

Endlich brachte Dieter seine Verlobte mit nach Hause, doch mein Bruder und meine Mutter stürzten sich wie Habichte auf die zarte Pflanze und zerhackten sie mit Ironie.

*

Aber der Vater, der von dem Verhältnis seiner Tochter Monika zu diesem Herrn Scheuerkopf nichts wissen wollte, raste weiter durchs Zimmer, bis dann die Mündung seines Revolvers vor Herrn Scheuerkopfs Nase wedelte.

Frau Labelang liebte ihre drei quicklebendigen Töchter aller möglichen Altersstufen über alle Maßen. Sophia war die jüngste. Ihre Kindheit ging gerade zu Ende, sie begann zu leben, wenngleich sie noch nicht mehr als ihre vier Buchstaben zu Papier bringen konnte.

*

Das Leben war Renate unerträglich geworden: das Baby hatte das Maß vollgemacht.

*

Purzel war der vierbeinige, pechschwarze Sonnenschein der Familie.

*

Zwar ist seine Frau kein Pferd, aber sie reagiert wie ein solches.

Daß unser Hund eine Promenadenmischung ist, spielt für uns überhaupt keine Rolle. Viel wichtiger ist es, daß er alles frißt, was wir ihm in seinen Napf geben. Besonders gern mag er meine Schwiegermutter.

Pure Gewalttätigkeit

Das Messer funkelte in der Sonne, um entschlossen auf den Wehrlosen niederzustechen.

*

Zahnarzt Dr. Goldstein warf seiner Patientin die weit und breit bekannte Serviette um den Hals, um sie schließlich aufzubohren.

*

Temperamentvoll stieß Inge ihren Hut auf ihrem kupfernen Kopf zurecht.

*

Ihre hellblauen Augen registrierten mit Genugtuung, wie er langsam rot anlief. Sie hatte ins Schwarze getroffen.

Die wohlgeformten Beine der attraktiven Blondine stachen dem jungen, elegant gekleideten Mann in seine Augen.

*

Sylvia wollte unbedingt ein Kind haben. Diesen Wunsch aber mußte er ihr aus dem Kopf schlagen.

Unterwegs

Es kommt öfters vor, daß das Wochenend einem strapaziösen Fußmarsch unterliegt.

*

Der Marktplatz füllte sich mit hindrängenden, gezogen werdenden und gelaufen kommenden Menschen, die vollungig diese Sommerglut einatmeten.

*

Die Leute auf dem Bahnsteig wurden kleiner und kleiner, bis sie schließlich völlig verschwanden.

Auf unseren nachmittäglichen Spaziergängen begegnete uns öfters ein Gasthaus, das hauptberuflich ein Bauernhof war.

*

Schlafend schritt er seinen Weg voran . . .

*

Herr Jäger ruhte sich nach der anstrengenden Reise erst mal auf seinem Sofa aus und schaltete zum Abschalten der Gedankengänge das Fernsehen ein.

*

Die Nacht umklammerte ihn mit undurchdringlichem, wallendem Gewande und raubte ihm sein sonst so blendendes Augenlicht.

Mit dem Entschluß auf den Lippen brach die Nacht herein und zertrümmerte die Aussicht auf ein Wiederfinden des verlorenen Pfades, der mich schlußendlich dorthin brachte, wo ich jetzt sitze: am Wegrand, neben dem Strich meiner Bilanz zur Linken.

*

Ein scharfkantiges Lebensprogramm hatte sein Kinn hart, seinen Mund entschlossen gemacht. Mit ihnen wanderte er ziellos durch die Nacht.

*

Kaum jemand war so spät noch unterwegs, außer einigen Hundehaltern und einem unbeleuchteten Radfahrer.

Wir waren vier Stunden lang aufgestiegen. Wie oft wollte sich da mein schwieliger Fuß zusammenrollen, ein weiches Bett graben, um einzuschlafen und vor lauter Müdigkeit vielleicht nie mehr aufzuwachen.

Er und sie

Endlich hatte sie den Mann gefunden, der bereit war, ihrem einsamen Dasein ein Ende zu machen.

*

Die bildschöne Amanda kuschelte sich an ihren Liebhaber und drehte ihren Kopf lauschend in unendlich charmanter Gebärde gegen die angrenzende Küche hin, in deren Fenster ihre Mutter hing.

*

Gabi kuschelte sich gemütlich in den Sessel, verschränkte die Arme und schlug zum Zeichen ihrer Entschlossenheit ihre erotischen Beine kraftvoll übereinander.

Dieter war ratlos. Wie sollte er ihre Absichten durchschauen, wenn sie noch ungeworden am Boden lagen?

*

Er war ja kein Graf, sondern hieß nur so. Was er aber wirklich war, wußte nur seine Geliebte, bis er eines Tages seinen Dampf abließ und die Möbel von den Wänden riß, um sich auszutoben.

*

Isolde mußte es alleine schaffen, da Dieter sie nun in Stich gelassen hatte. Doch wieviele Frauen hatten keinen Mann. Beglückt legte sie ihre Hand auf den Leib, wo sich das Kind zu rühren begann. Man konnte schließlich nicht alles haben.

Es ist kaum zu glauben: Stundenlang saß er auf ihrem Bettrand, ohne ihre Liebesdienste zu mißbrauchen.

*

In sexueller Hinsicht hatte sie Nudelsuppe in ihren Adern.

*

Ihr Sex war hinreißend wie eine Rennjacht im Mondenschein.

Egon scheuerte sich wund an der quälenden Frage seiner neuen Freundin, ob er vor ihr schon eine Geliebte gehabt habe.

*

Im schäumenden Sex seiner Yvonne rang er nach Luft.

Im Taumel der Sinne

Dem sinnlichen Vergnügen völlig hingegeben, bebten ihre Lider.

*

Dann vernaschte er diese Blondine, die ihm schon lange ein Auge zugeknipst hatte.

*

In wilder Leidenschaft preßte er seinen Mund auf den ihren. Seine Zunge versengte ihre Lippen wie ein rotglühender Schürhaken.

*

Umschlungen sanken sie miteinander in die Knie, weniger in einem Liebestaumel als infolge des ungewohnten Alkohols.

Erika hatte schon den ganzen Abend auf einer Art Sofa gesessen und mit ihren Reizen gespielt, die ihr Vater geflissentlich übersehen hatte.

*

Zärtlich beginnt die gegenseitige Umschlingung. Aneinanderklebend wie türkischer Honig zwischen den Fingern, beginnt der Freudentaumel, der Dietmar fast um den Verstand bringt.

*

Die Höhepunkte fliegen überwältigend und in so rascher Folge wie Telegraphenmasten am fahrenden Zug an ihnen vorbei.

Sie drehten sich in keuchender Turbulenz umeinander, schraubten sich höher und immer schwindelerregender hinauf zu dem verheißenden Punkt. Auf dem Teppich unter sich schwebten sie in das verschlingende Nichts, das sie im atemlosen Innehalten in die Vollendung stürzen ließ.

*

Schalk saß in ihren Augen, als sie auf Zehenspitzen an sein Bett heranschlich und ihm zwischen die Schenkel faßte. Dabei flüsterte sie fröhlich in töricht singendem Ton: »Klingelingeling, der Kaffee ist fertig!«

Eheliches

Über ihren Mann gab es wenig Auffallendes zu sagen. Die Ehe war wohl von der Art, daß sie halt so lange währte, bis sie vorüber war.

*

Aus reiner Menschlichkeit hatte das Ehepaar Kornhuber für die armen Hausmannskinder ebenfalls Geschenke unter den Weihnachtsbaum gelegt: Es waren insgesamt vier Jungen, die alle prächtig einschlugen.

Meine Frau! Gestern war sie jung und begehrlich, und dann geschah es so unfaßbar schnell, daß sie alt und runzelig wurde. Schon sah sie unansehnlich aus, dann bleich und schwach, dann kalt und starr.

*

Erleichtert raffte sie ihre geschwollenen Beine und legte sie ihrem Mann in den Schoß.

*

Ich fiel ihm in das Dröhnen seiner Hemingway-Orgel, auf der er sich in jeder freien Stunde austobte, und erklärte ihm laut in seine Augen hinein, er könne sich ja scheiden lassen, wenn er mit dieser Lärmkiste weiterhin verheiratet bleiben wolle.

Wenn ich auch gerne zu einem Mann kommen möchte – auf Anzeigen wie die folgende würde ich mich niemals bewerben:
Amateurschriftsteller, 42/172 (z. Zt. Justizvollzugsanstalt), sucht geduldige Ehefrau.

Na so was!

Peter bekam ein Schwesterchen, das ausgerechnet auch noch ein Mädchen war.

*

Verwundert ob der Ansprache lüftet die Hand den Zylinder und läßt eine Fastglatze in einem spärlichen Kranz schütterer Haare erkennen.
»Malkmus – Helmut Malkmus, Oberstudienrat!« spricht eine angenehm dunkle Stimme, und das ganze verschließt sich wieder wie eine Auster.

*

»Wie siehst du denn aus?« war meine erschrockene Begrüßung, vor der ein abgewirtschafteter Mann mit langem Haar an der Haustür geläutet hatte. Es war kaum zu glauben: Ich hatte diesen Fremden zuerst für den unehelichen Vater meiner kleinen Tochter gehalten!

Ihr lautstarker Tritt trat ins Leere, bis er schließlich völlig verstummte.

*

Mit letzter Kraft hob er den Arm. Nur einen einzigen Blick wollte er über die Wiese werfen.

*

In der linken Hand hielt er eine dampfende Tasse Kaffee. Nachdem ich seine freie Hand begrüßt hatte, ging ich in die Küche, um mir auch eine zu holen.

Renates feine Umrisse, die er sich begierig zu eigen machte, verfolgten ihn.

*

Es war leichtsinnig, daß ich den feinen Nadelstich, den ich bei dem ersten Eindruck empfand, so gedankenlos beiseite schob.

*

Um alles konnte er sich nicht selber kümmern, und Sorgen durch Betrügereien anderer fingen ihn ein. Es gelang ihm nicht einmal, Goldgruben daraus zu machen.

Es erfaßt mich das Gefühl weiten Atems, dem ich mit meiner Seele unmittelbar folgen kann.

*

Obwohl körperlich gebrochen, war sein Geist hellwach.

*

Ilona belegte jedes Sandwich mit bitteren Klagen.

*

Seine kräuselnden Lippen verwandelten sich in eine erschreckende Grimasse.

Frau Werner rüstete sich zärtlich zu einem Trostgespräch.

*

Die Hinterbacken des Schimmels schimmerten apfelförmig.

Am Tresen

Sandbichlers Gesicht fiel merkwürdig auseinander. Besinnungslos leerte er ein Glas Whisky nach dem anderen.

*

Der wärmende Rotwein füllte Dieters Leere angenehm aus. Mit Wohlgefallen betrachtete er das Mädchen, das während dem Kauen einen nicht abreißenden Redestrom zum Fließen brachte.

*

Im Schutz der Speisekarte versuchte er, die Zeit durch endloses Auswählen zerfließen zu lassen.

Bevor der Gastwirt für Ruhe sorgen konnte, war es zwischen den Gästen zu einem Handgemenge gekommen, das eine größere Anzahl Verletzte bezifferte.

*

Obgleich dieser versoffene Sesselmann Hausverbot hatte, stand er eines Abends wieder vor dem Schanktisch, bevor noch der Wirt seine verfetteten Stirnbänder runzeln und in Schwingungen bringen konnte. Schnaufend stellte sich dieser vor den verbotenen Gast und fragte, jede Art von Höflichkeit entbehrend, nach dessen Begehr. Dabei warf er seinen spitzen Stachel des Abscheus fleißig aus, ungeachtet der Gefahr, daß dieser sehr schnell und nachhaltig verletzen konnte.

Im Hutsalon

Als sie den himmelblauen Hut aufsetzte, ergoß sich ein feiner Schuppenregen über ihre Schultern.

*

Die Verkäuferin zog alle weiblichen Verführungskünste, bis sich meine Frau schließlich das Gedicht auf ihre goldenen Locken stülpte.

*

Frau Müller entschied sich für einen mit Folklore bestückten Hut, den sie in Ballettpose mit einer Nadel im Kopf befestigte.

Erst jetzt saß ihr Hut richtig und verließ mit ihr zufrieden und rasch den Salon.

Diese Ärzte!

Dr. Bolle versorgte die sich spreizende Wunde mit einem Verband, aber auch mit tröstenden Worten.

*

Er war versehentlich aus dem Fenster gefallen und stand kurz vor seiner Urlaubsreise. Doch eine halbe Stunde später lauschte der Arzt in die erregende Stille seines Herzens.

Nachdem sich Dr. Tupfer nach seiner neun- bis zehnstündigen Sprechstunde zur Ruhe gesetzt hatte, hängte er sich eine Zigarette zwischen seine schön geformten Lippen. Da erregte sich plötzlich sein komplettes Innenleben: Das blonde Fräulein Schmidt war ihm völlig aus dem Gesicht verlorengegangen. Ihr begehrender Habitus hatte sich in Spurenelemente verkrümelt.

*

Morgens machte der Professor seine Visite. Er eilte mit großen Schritten – sein schlechtes Gewissen ihm immer einige Meter voraus – auf den Frischoperierten zu, während ihm sein weißer Kittel hinterherflatterte . . .

»Nur eine unbedeutende nervöse Störung«, hatte Dr. Semmelwohl erklärt. Anscheinend hatte er die leuchtenden Alarmlichter im Magen des Patienten völlig übersehen.

Am Wasser

Plötzlich war der, von dem ich glaubte, daß er mich liebe, in der Dunkelheit verschwunden. Mit einem Fragezeichen im Gesicht stand ich verloren am steilen Ufer des Elbstroms.

*

Unsere Spannung glich dem Seil der Fähre, auf der wir an andere Ufer der Save zu gelangen trachteten.

*

Entschlossen trat ich näher an den Tümpel – blieb aber stehen . . .

In Gedanken versunken, war ich in den Stadtpark spaziert. Am Ufer des Schwanenteichs entlang. Da lenkte mich eine junge Mutter ab, die ihren kleinen Jungen aus dem Sportwagen hob, um mit ihm die Fische zu füttern.

*

Bevor sie sich umbrachte, stand sie am Ufer, schüttelte in Gedanken ihren rotbraunen Kopf, warf den Zigarettenstummel ins Wasser und sich hinterher.

Autofahrer sind das!

Völlig kopflos stieg er hart in die Bremse . . .

*

Seine rasenden Räder drehten sich verzweifelt, und der Motor heulte schokkiert.

*

. . . doch die Sirene seines Streifenwagens nahm sofort die Verfolgung des Verbrechers auf.

Draußen jaulte schrill ein gequälter Motor auf – krachend wurde ein Gang ins Getriebe gewürgt, dem der detonierende Knall einer Fehlzündung in die sommerliche Mittagsstille von Mosdorf folgte.

*

Die scharfe Kurve vor Kirchdorf entspricht einem handtellergroßen Ekzem, das ich mir nicht aufschneiden lassen möchte.

*

Die letzten Sekunden eines Autofahrerlebens wurden beherrscht von einer riesigen alten Buche, die mit Riesenschritten auf ihn zukam und ihn mit unbeschreiblichem Getöse verschlang.

Zur Unkenntlichkeit verstümmelt und von der ehrlichen Absicht erfüllt, niemals mehr einen Wagen in die Hand zu nehmen, lag er tot in seinem zertrümmerten Auto.

*

Die frischen Reifenspuren des Busses liefen zuversichtlich vor uns her.

*

Die vielen nassen Toten auf der Autobahn München–Nürnberg im Regen sprechen ihre eigene Sprache.

Himmlisches

Die Boeing 707 schritt zur Startbahn, machte eine Kehrtwendung, gab volles Gas und schweifte pfeifend in die Höhe.

*

Der Himmel öffnete dem Hubschrauber sein ganzes Wesen, weitete einen Zutritt in der Wolkendecke und verschlang ihn.

*

In zehntausend Meter Höhe begann der Pirat plötzlich, sein Freiheitsgarn zu spinnen. Er forderte den Flugkapitän auf, den Kursus zu wechseln, und ließ die Passagiere durch den Lauf seines Revolvers zittern.

»Entführung –? Nur über meine Leiche!« warf die resolute Inge sofort leicht geharnischt ein, warf dem Gangster den Revolver aus der Hand und beendete sogleich das himmlische Zwischenspiel.

*

Der Pilot focht mit dem Himmel einen erbitterten Zweikampf. Er war schwarz und undurchsichtig und spielte mit den Passagieren Achterbahn.

*

Als das Flugzeug fast senkrecht aufstieg, transparierte auch seine Unterwäsche, die der beängstigenden Atmosphäre nur widerwillig entsprach.

»Maja«, sagte der Infarktbetroffene, bevor er die Maschine bestieg – »Maja, mir wird doch wohl im Himmel kein Leid geschehen?« Er ahnte nicht, daß der Pilot die DC 8 gar nicht von der Rollbahn brachte.

Schicksal

Zerschunden, aber heil kam der Selbstmörder unten an.

*

Was nun? Ich stand fraglich vor dem Paket, lauschte in es hinein – vielleicht ein merkwürdiges Geräusch zu hören. Sollte der ungewisse Inhalt etwa eine Höllenmaschine sein? Das grenzte ja an Mord!

*

Ein grauer Strom abgezehrter und ausgemergelter Gestalten klapperte mit eingefallenen Gesichtern in Holzpantinen den Gang zum Eßsaal entlang.

Die Soldaten schafften es nicht allein, den Aufstand niederzuschlagen. Panzer klirrten durch die Straßen, walzten die Menschen auseinander und die Flammen der Freiheit nieder, Funke für Funke.

*

Jedes weitere Wort blieb ungesagt, und ihr Geheimnis ruht nun mit ihr auf dem Städtischen Hauptfriedhof.

*

Mein Neffe Ernst ist ein erfahrener Schlachter für Räucherschinken. Als solcher hat er sich jetzt selbständig gemacht.

Meine Oma ist schon 93 Jahre. Trotzdem sieht es man ihr noch heute an, daß sie einmal jünger war und Zeitungen in einem Kiosk verkaufte.

*

Beruflich wird sich mein Mann jetzt wesentlich verbessern. Der neue Arbeitsvertrag wird vom Personalchef in der nächsten Woche unterzeichnet. Aber schon seit gestern hängt derselbe bereits in der Kantine am Brett der Betriebsnachrichten.

Zu Tode erschrocken, wurden ihre Knie weich. Es sah aus, als müßte sie ohne Halt zu Boden sinken.

*

Die Zwickmühle meines Zwiespaltes ließ mir das Wasser bis zum Halse stehen.

*

Der Soldat lugte vorsichtig um den Baum, dann wandte er sich um zu seinen Kameraden und gab das Zeichen zum Durchmarsch.

»So muß ich hier sterben«, dachte er bitter. »Es gibt schlimme Dinge auf der Welt, die muß jeder einmal durchmachen in seinem Leben.«

*

Das war zuviel für sie. Seufzer und Ohnmacht beendeten den Fall zum Boden.

Poetischer Überschwang

Ich sah eine Holzbank am Wege stehen, dazu da, bequem sitzend die flüsternde Atmosphäre der Bäume auf sich wirken zu lassen.

*

Als ich näherschritt und die knirschenden Tannennadeln am Boden in sein Ohr drangen, blickte er auf und durchbohrte mich mit seinen dunklen Augen.

*

Mitten hinein in das vom Alter zersträhnte Gesicht des Flusses warf ich mit satanischer Kraft die rote Tasche.

Jetzt, da der Morgen gähnt und rosenrot im Osten der neue Tag blinzelt, erwacht die januskköpfige Erinnerung, deren in die Vergangenheit gerichteter Blick das Opfer sucht, deren Schattenmund das Heute verzehren will.

*

Eine unheilvoll rot kochende Sonne fiel hinter dem Wald ins Wasser.

Akustisches

Ich stand am Wegrand und lauschte der Pferde Getrabe, das hinter einer Böschung zum Vorschein kam.

*

Vater Lehmanns Stimme polterte und kratzte, so daß die Schauer der zarten Monika auf ihrem Rücken hinunter- und nach einer Weile wieder heraufliefen vor Enttäuschung, die ihr der Alte mit dröhnender Kraft vor die Füße geworfen hatte.

*

Wir alle hatten uns rechtzeitig zur Party eingefunden. Im Salon hatte uns Elona einen Drink serviert, bis der Gong unserer Eßstimmung Platz machte.

Dieser Knall reißt Helga herum. »Das ist zuviel!« denkt sie. Der dünne Draht ihrer überstrapazierten Nerven zerreißt klirrend, und sie schreit zusammenbrechend ihre Todesangst hinaus. Hinaus durch die offenen Fenster, hinaus auf den Platz, wo ein sich aufbäumender Wagen nicht in Fahrt kommen will.

Erkenntnisse

Literaturmäßig gesehen, ist das Ende die Höhe.

*

»Das Auge des Schreckens« fußt auf meinem eigenen Leben.

*

Gegenspieler sind George, ein prall mit Leben gefüllter Pferdezüchter, und Jonathan, ein etwas verwässerter, aber lüsterner Ästhet.

*

Mir ist kein Autor bekannt, der Ähnliches schreibt – daher, finde ich, kann man meine Werke als einzigartig ansehen.

Diese Erkenntnis trifft ihn schlagartig, und dieser Denkanstoß wird an den Leser weitergegeben.

Wunder über Wunder

Ihr Pferdeschwanz wippte bei jedem Schritt und nahm diensteifrig die Bestellungen der Kneipengäste entgegen.

*

Der strapazierte Körper drängte mit allen Fasern nach Kalorien, die aber nicht sichtbar wurden, so daß das Verlangen wehende Fetzen bunter Traumgebilde blieben. Ein Wunder mußte also geschehen!

*

In ihren großen, dunkelblauen Augen leuchtete noch am Nachmittag der Schein der aufgehenden Morgensonne.

Annas braune Locken sprangen ungeduldig am Hutrand empor.

*

Ihr übelriechender Mund war voll von spitzen Zähnen.

*

Ihre Augen klebten am gelben Theatervorhang – dahinter die flatternde Schar der aufgeregten Schauspieler.

*

Ottokar unterschied sich schon rein äußerlich von seiner Schwester.

Mehr als vierzig Jahre lang war sie jedes Jahr eine andere geworden – jeden Tag eine andere gewesen . . .

*

In dieser kleinen, verträumten Stadt, die von einem gespenstigen Schicksal heimgesucht wurde, waren 1200 Tote geboren worden.

*

Jeder Zoll ihres kaffeebraunen Körpers wurde ohne ihr Zutun eine Tänzerin.

*

Der Zahn der Zeit hatte intensiv an seinem Haar genagt, und nicht nur das Gesicht, sondern der ganze Körper war zusammengeschrumpft.

Fast kamen mir jene Tränen, die ihr reichlich flossen.

*

Er hatte vollauf mit dem Auffangen seiner Tränen zu tun . . .

*

Heiße Tränen liefen über das wettergegerbte Gesicht der Frau, deren Haar silbern und deren Lebenskalender schon recht dünn geworden war.

*

In Tränen aufgelöst, war Renate erweicht, bis sich ihre Augen wieder verhärteten.

Bis zur Steintreppe kämpften viele Gefühle in ihr, bis sie diese nicht mehr halten konnte und sie sich in Tränenströme auflösten.

Humorvolles und Heiteres in der Reihe Bayerland-Geschenkbücherl

Eine Auswahl:

Maria Jelen
Waar ja g'lacht
Lustige Verserl und Geschichten

Alfons Schweiggert
Lachen ist g'sund
Heitere Gedichte und humorvolle Geschichten von vorn bis hint'n

Alfons Schweiggert
Bayrisches Witzkistl
300mal gelacht

Alfons Schweiggert
Ein echter Bayer red't nicht viel
Die schönsten Wortkargheiten weißblau

Alfons Schweiggert
Königlich bayerisches Ausweisbuch
Mit allen Papieren, Scheinen, Urkunden, die zu einem rechten Bayern gehören

Jutta Makowsky
Mamas Lieblinge
Vorwiegend Heiteres über Mütter und Kinder

Jutta Makowsky
Statt Schoklad
Schmankerl für kleine und große Leseratten

Jutta Makowsky
Mit Luft und Liebe
Vorwiegend Heiteres für Radlfreunde

Erwin Munz
Allgemein heiter
Anekdoten und Witze

Hans Fischach
Da Sigi, sei Dracha und de von Burgund

Leopold Kammerer
Gartenzwerg und Liebeslaube
Heiteres rund um den Garten

Monika Pauderer
Pfundige Ferien
Für Urlauber und Daheimgebliebene

Oskar Weber/Helmut Zöpfl
Auf meine Stern vertrau i gern
Heiteres über Astrologie und Aberglauben

Oskar Weber
Habe die Ehre, Herr Nachbar
Heiteres in Vers und Prosa